Daiana Zanatta Cardoso da Silva

ALIEN... O QUÊ?

Uma história que deveria ser de outro mundo

Artesã

Alien... o quê? Uma história que deveria ser de outro mundo

COORDENAÇÃO EDITORIAL
Karol Oliveira

REVISÃO
Giovanna Marques Hailer Felipe

DIREÇÃO DE ARTE
Tiago Rabello

ILUSTRAÇÃO E DIAGRAMAÇÃO
André Santos

S586 Silva, Daiana Zanatta Cardoso da.
Alien... o quê? : uma história que deveria ser de outro mundo / Daiana Zanatta Cardoso da Silva ; ilustração : André Santos. – Belo Horizonte : Artesã, 2021.
44 p. : il. ; 23 cm.
ISBN: 978-65-86140-54-5

1. Psicologia. 2. Direito. 3. Psicologia forense. 4. Psicologia clínica. I. Santos, André. II. Título.

CDU 159.9:34

Catalogação: Aline M. Sima CRB-6/2645

IMPRESSO NO BRASIL
Printed in Brazil

(31) 2511-2040 (31) 99403-2227
www.artesaeditora.com.br
Av. Rio Pomba 455, Carlos Prates- Cep: 30720-290 | Belo Horizonte - MG
/ artesaeditora

AGRADECIMENTOS

Sonhos só são possíveis de se tornarem reais se são compartilhados, apoiados e divididos.

Agradeço aos meus filhos, Augusto e Gonçalo por me tornarem a cada dia uma pessoa melhor. Ao meu marido Carlos, ou Carlinhos, que adiou suas escolhas para me apoiar e auxiliar a seguir em frente.

A minha mãe, que me ensinou a ser humilde, independente da condição que tenhamos. Ao meu pai, que guia meus passos ao lado de Deus, e me ensinou que um coração bom é o bem mais precioso do ser humano.

Aos meus mestres que embasam a profissional que me tornei, em especial a Andréia, ou Déia, que me alfabetizou e tornou esse caminho possível.

Agradeço também à Débora Fava, a doce Debys, pelo incentivo e disponibilidade, meu exemplo profissional. E à Mariana Boeckel, ou a Mari, pela doçura e acolhimento.

Que o meu sonho possa auxiliar profissionais e crianças a estabelecerem vínculos mais saudáveis!

Daiana Z. Cardoso da Silva

APRESENTAÇÃO

De acordo com o artigo 2º da Lei Nº 12.38/10, Alienação Parental é entendida como a prática de interferência na formação psicológica da criança ou do adolescente promovida ou induzida por um dos pais, pelos avós ou por qualquer adulto que tenha a criança ou o adolescente sob a sua autoridade, guarda ou vigilância. Na maior parte dos casos, o objetivo da conduta é prejudicar o vínculo da criança ou do adolescente com o genitor. A alienação parental fere, portanto, o direito fundamental da criança à convivência familiar saudável, sendo, ainda, um descumprimento dos deveres relacionados à autoridade dos pais ou decorrentes de tutela ou guarda (Brasil, 2010).

Em linhas mais gerais, alienação parental é uma forma de manipulação, a qual pode ser feita por qualquer pessoa que detenha a guarda, ou que seja, de certa forma, responsável pela criança ou adolescente, que gere ou vise a uma má relação da criança ou adolescente com um de seus genitores (pai ou mãe ou outro responsável), seja procurando afastar a criança do convívio destes ou causando prejuízos sentimentais e emocionais à relação, como tentando fazer com que a criança ou o adolescente odeie aquele genitor atacado, ou impedindo o seu convívio (Refosco e Fernandes, 2018).

No documentário "A Morte Inventada", de Alan Minas, é possível visualizar o tamanho da ausência que a Alienação Parental causa nos filhos e também nos pais.

Revisão Técnica: Débora C. Fava

O QUE PSICÓLOGAS DIZEM SOBRE A HISTÓRIA

"O livrinho conta uma história muito agradável, apesar dos momentos tristes que Marcelo passou, e pode ajudar crianças a entenderem melhor esse processo difícil que costuma ser a separação dos pais. A ideia desse livro é que profissionais da saúde e educação possam ajudar crianças a identificarem situações de alienação parental e buscarem esperanças e recursos para os melhores desfechos."

Débora C. Fava é psicóloga clínica especialista em Psicoterapia Cognitivo-Comportamental, doutora em Psicologia, certificada pela Federação Brasileira de Terapias Cognitivas e atua principalmente na orientação de pais, professores e no atendimento a crianças e adolescentes. É coordenadora da ELO Psicologia e Desenvolvimento @psideborafava. Currículo lattes: http://lattes.cnpq.br/9802745928820080 @psideborafava

"A história de Marcelo representa de forma muito clara o sofrimento dos filhos diante de um divórcio conflituoso, culminando em alienação parental. De forma lúdica, crianças, famílias, professores e demais profissionais podem identificar situações semelhantes e abrir caminhos para novas alternativas. Falar sobre o assunto é um passo fundamental para a prevenção, e esta é a proposta deste livro. Boa leitura!"

Mariana G. Boeckel é psicóloga, doutora em Psicologia, terapeuta de casal e famílias, doutora em Psicologia e docente no Curso de Graduação e no Programa de Pós Graduação em Psicologia e Saúde da Universidade Federal de Ciências da Saúde de Porto Alegre. Trabalha principalmente com os temas: famílias, casais, violência conjugal e intrafamiliar. Currículo Lattes: http://lattes.cnpq.br/3669079636938542

Marcelo morava com seus pais em uma casa com pátio enorme.
Lá ele adorava correr, andar de bicicleta e brincar de muitas coisas.

Seus pais eram carinhosos. A mãe o levava à escola e o pai o buscava. Passeavam, brincavam de carrinho, de bola, no parquinho, estavam sempre por perto.

Marcelo começou a perceber que ultimamente seus pais estavam brigando demais. Ele ouvia gritos, xingamentos, palavras feias e choro toda a noite. Até que seus pais decidiram se separar.

O menino ficou triste, perdido, não sabia o que fazer, não sabia como seria sua vida a partir de agora. Com quem iria morar? Com quem iria brincar? Quem iria cuidar dele?

Mesmo após a separação, as brigas continuaram, e Marcelo sentia-se cada dia mais triste e com muita saudade do pai, que havia ido morar em outra casa.

Na audiência da separação, o juiz determinou que Marcelo moraria com a mãe e passaria os finais de semana com o pai.

Aos finais de semana, o tempo passava muito rápido, e num piscar de olhos já era hora do menino refazer a mochila e voltar para a casa da mãe.

A sexta-feira chegou logo, e Marcelo estava feliz porque ia para a casa do pai novamente.

Mas quando Marcelo chegou da escola, sua mãe lhe disse:

— Esse final de semana você ficará comigo, meu filho, pois seu pai ligou dizendo que vai passear e não poderá ficar com você.

A notícia deixou o menino arrasado,
pois estava com muita saudade do pai.

ATIVIDADE

Pense como Marcelo estava se sentindo.
Registre a seguir com palavras ou com desenhos.

Durante aquela semana, Marcelo pediu à mãe que ligasse para o pai, pois queria falar com ele.

Marcelo estava com muuuuuita saudade dele.

A mãe, então, respondeu que o pai estava trabalhando e não tinha tempo para ele.

Marcelo ficou ainda mais triste e foi para o quarto chorar.

O pai de Marcelo telefonou para falar com o filho, mas a mãe não permitiu, dizendo que ele estava fazendo as tarefas da escola.

Ela o avisou que não estaria em casa no próximo final de semana, portanto não era para ele ir buscar o menino.

Na sexta-feira, Marcelo deixou a mochila pronta
antes mesmo de ir para a escola.
Ele separou a bola e os brinquedos de que mais gostava para levar para a casa do pai. O menino estava ansioso, pois brincariam muito juntos.

Marcelo chegou da escola e esperou, esperou, mas o pai não veio. A mãe não contou ao menino que havia dito ao pai para não ir buscá-lo e afirmou que o pai estava se esquecendo dele, que não gostava mais dele.

Desenhe a emoção que você acredita que Marcelo sentiu naquele momento.

Marcelo ficou ainda mais triste e chorou a noite toda,
pensando por qual motivo o pai não gostava mais dele.
Será que ele havia feito alguma coisa errada?

Ele estava triste, chateado de verdade!
Marcelo amava tanto o pai, só queria ficar um tempinho com ele!

ATIVIDADE

Agora é a sua vez: desenhe como você imagina que Marcelo se sentiu. Se você quiser pode escrever também.

Semanas se passaram sem que o pai viesse buscar o menino. A mãe passou a repetir diariamente que o pai não o amava mais, que ele era irresponsável por não buscar o filho, que certamente havia encontrado outro filho e nem lembrava que Marcelo existia.

Marcelo ficava cada dia mais triste e sentia muita raiva do pai, pois ele não vinha mais buscá-lo.

Certo dia, a mãe disse a Marcelo:
— Meu filho, nós teremos que ir ao Juiz porque o chato do teu pai resolveu incomodar.
Vamos combinar o seguinte: você vai dizer que ele não te ama mais, não te busca e que você não gosta mais dele e não quer mais vê-lo.

— Mas mamãe isso não é verdade! – disse Marcelo.
— É isso que você vai falar para o Juiz! Senão a mamãe ficará muito triste com você e talvez não te ame mais, igual ao seu pai. – gritou a mãe.

Marcelo ficou muito perdido, pois não podia perder o amor da mãe, mas também queria ver o pai.

ATIVIDADE

O que Marcelo deveria dizer ao Juiz? Desenhe ou escreva.

Na audiência, o Juiz perguntou a Marcelo o que ele estava sentindo. O menino, então, começou a chorar desesperado.

Nesse momento, chegou ao lado de Marcelo uma psicóloga, que o levou para outra sala, para ele se acalmar, brincar e conversar.

Lá na sala, o menino pôde contar que sentia saudades do pai, que o amava e queria vê-lo. Ele disse também que não concordava com as coisas ruins que a mãe dizia do pai.

No entanto, Marcelo pediu que a psicóloga não contasse para a mãe, pois ela havia dito que não o amaria mais se quisesse ir com o pai.

ATIVIDADE

Quais emoções você imagina que Marcelo pôde contar para a psicóloga? E quais acontecimentos ele também deve ter contado? Desenhe ou escreva.

A psicóloga, então, explicou para Marcelo que essas coisas que a mãe dizia de ruim sobre o pai e o que disse de não amá-lo mais se chamava

ALIENAÇÃO PARENTAL,

que é quando um dos pais fica triste e bravo com o outro e fala essas coisas. Mas que iriam conversar mais sobre esse assunto.

ATIVIDADE

**Registre o que você entendeu sobre Alienação Parental.
Você pode representar por meio de desenhos ou pela escrita.**

O juiz decidiu que Marcelo iria morar com o pai e visitar a mãe aos finais de semana e que todos precisariam conversar mais vezes sobre a Alienação Parental.

Embora Marcelo estivesse muito confuso, e ainda um pouco triste, estava aliviado porque pôde contar o que acontecia e saber que o pai o amava.

O Juiz pediu para a mãe de Marcelo ir conversar algumas vezes com a psicóloga, a fim de que pudesse falar sobre a tristeza e a raiva que estava sentindo.

E foi o que ela fez.

Passados alguns encontros com a psicóloga, a mãe de Marcelo entendeu que o melhor a fazer pelo menino era ser amiga do pai dele.

E, então, eles passaram a ser amigos e a conversar mais para o bem do filho. Assim, o menino ficou muito feliz.

Tanto os pais quanto Marcelo puderam entender que a separação pode ser difícil, e até doer, mas que isso passa, e cada um continua sendo importante na vida do outro.

SOBRE A AUTORA

Daiana Zanatta Cardoso da Silva

Psicóloga (CRP. 07/20070), graduada pela Universidade de Caxias do Sul. Especialista em Avaliação Psicológica pela Universidade de Caxias do Sul.
Formação em Psicoterapia e Intervenções Familiares (Elo Psicologia e Desenvolvimento, 2020/ 2021).

Especialização em Terapia Cognitivo Comportamental na Infância e Adolescência (Wainer Psicologia Cognitiva, 2019/ 2021). Trabalha com crianças, adolescentes, adultos, vínculos familiares e vulnerabilidade social desde 2011.

Atuante na área clínica, atendendo em Terapia Cognitivo Comportamental; escolar, prestando assessoria a escolas de educação infantil; e social, orientando famílias em situação de vulnerabilidade.

Fale com a autora:
daia_zanatta_cardoso@yahoo.com.br
psicologadaianazanattacardoso

Construindo ideias e
conectando mentes